JN438611

김경식 시인

◆김경식◆

충북 보은 출생

계간 《다시올문학》 신인상(시), 《스토리문학》 신인상(수필).

시집 『적막한 말』, 수상집 『마음에 걸린 풍경 하나』

E-mail : sj574@naver.com

Homepage : http://blog.naver.com/sj574

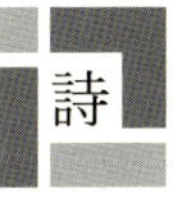

적막한 말

009
다시올시인선

적막한 말

김경식 시집

2015 ⓒ 김경식

다시올

自序

詩는 그 詩人이다.
그러므로
詩人은 詩여야 한다.

시인의 말
시인의 밥
시인의 잠도
詩, 혹은 詩的이어야 한다.

물끄러미 맞는 아침,
다시 부끄럽다.

金敬植

차례

2부 프리즘 읽기

차례

3부 바람의 화법

4부 아지랑이 필 무렵

— 작품해설 —

1부

나부랭이 시

간절한 안부

예, 김경식입니다.

긴 신호음 끝에 그가 수화기를 들었을 때
내 이름을 먼저 말할 때가 있다

일순 당황해서 용건은 저만치 미루어 두고
여행하기 좋은 날씨라거나
별장 겸해 시골에 주택 한 채 사 두면 좋겠다거나
실없는 소리를 낄낄거린다

무슨 긴한 볼일이 있어 걸었지만
나는 그의 전화를 기다리고 있었음에 틀림없다

하루 또 하루 낡아가는 날들
염색은 얼마나 자주 해야 하는지
사무실의 책상은 용케 지키고 있는지 물어 주기를
간절히 바라고 있었던 게다

갈급하게 번호를 누르고는
부지중에 내 이름을 먼저 말하는 때가 있다

예, 김경식입니다.

나부랭이 시

오늘도 사 남매는 카톡 중이다.
서로 안부를 묻다가
큰 오라버니는 바쁘신가 통 말씀이 없으시네.
화사한 막내가 굼뜬 손을 툭 치고 지나자
시 나부랭이 쓰고 있겠지 뭐.
퉁퉁 부은 둘째 얼굴이 재빠르게 떠오른다

그렇구나, 시인이 침묵하고 있으면
시 나부랭이를 쓰고 있는 것이구나

저들의 가슴에 닿지 못하는
아무짝 쓸모없는 나부랭이 시,
나는 또 나부랭이 시인이구나

비밀결사의 암호문처럼
생의 어느 행간行間에 낯선 기호가 섞여 있는지
곰곰 돌아보는 저녁

서툰 손가락은
형제들의 대화에 끼지 못하고
시 나부랭이를 끄적이고 있다

이순耳順

도봉산 오르다 우연히
삼십 년 옛 제자를 만났다

자네는 몇이신가
올해 마흔 다섯입니다
아름다운 나이일세
선생님이 아름다운 나이시지요,
저는 그냥 팔팔한 나입니다

검은 염색을 하고
말쑥하게 차려입고 나서도
나는 그저 아름다운 사람이다
하루해로 치자면 일몰 가까운
그러니까 저녁노을 같은 나이

가던 길을 멈추고 눈을 감는다
먼 데 산릉선이 뒷걸음쳐 사라지고
들리지 않던 소리들이 다가온다
새가 들리고 계곡이 들린다

먼 길 더듬고 다니느라
가까이 있는 것을 보지 못했다

부디 조심하게, 그를 보내고
물소리를 따라 성큼
산길을 되짚어 내려선다

나비효과

어제 오늘 똑같은 풍경에 겨워
어린 나무 문득 선하품을 하면
이때다, 길섶에서 동정을 살피던 바람
한 줄기 슬쩍 숲으로 들어선다

한 그루의 허튼 숨결에 나른한 오후가 흔들리고
촘촘한 잎과 잎 사이 새로 난 틈마다
우르르 바람이 일어
숲은 마침내 커다란 소용돌이가 된다

숲을 흔드는 것은 바람이 아니라
애써 참고 있던 한 그루의 어깻짓

내 목숨 어느 갈피에
풀지 못한 한숨 하나 남아서
그렁그렁 맺히는 것인지
불현듯 폭풍처럼 휘몰아쳐서
반백의 굵은 생애가
뿌리째 흔들리는 것인지

슬픔도 없이 마음 울울한 날
일렁이는 여름 숲에 서서
곰곰 생각해
보는 것이다

한 그루 나무 같은

대문 흔들지 말고
뒤란으로 돌아서 오시게

이끼 앉은 음습한 그늘
줄기도 가지도 제멋대로 자라는
나무 한 그루

언제부터 여기 서 있었는지
무엇을 꿈꾸는지
묻지 말게

울에 가만 기대어
수평으로 팔랑이는
햇살 무늬 바라보다

붉게 떨어지는
이파리 하나

말없는 내력을
읽고 가시게

사라지는 것들

기이한 일이다 어느 날 문득 산이 사라졌다. 소나무 밤나무 갈참나무 잎들은 모조리 한데 뭉크러져서 푸르렀던 흔적만 어렴풋 허공중에 남아 있고 산등성은 뭉게뭉게 구름으로 피어올랐다

아무리 눈을 비벼도 산과 하늘의 경계가 또렷하게 드러나지 않는다. 산이 멀리 떠나면서 계곡은 물소리를 잃어버리고 골을 타고 오르던 길은 서둘러 마을로 되돌아왔다

파랑새를 꿈꾸지 말 것
산국山菊은 서리를 맞게
희미한 향기 그대로, 시들게 놓아둘 것.
의사의 진단은 명료했다

어느 날 문득 산이 사라졌다
꽃도 새도 근시近視 안경 속에 갇혀 있다

삽 한 자루

맨 처음 아버지의 문패를 내단 집은 산언덕에 오도카니 앉아 있었다. 독방을 얻은 대신 열두 살 맏상제는 장맛비에 쓸려나간 마당을 살려내야 했다. 아까시 뿌리가 뒤엉킨 뒤꼍의 흙을 파서 새로 쌓은 석축石築 안에 쏟아 부었다

작은 삼태기로는 끝이 보이지 않는 일이었다. 한목에 끝낼 수만 있다면 까짓것, 할딱이는 목숨도 한 삽 크게 떠 넣고 싶었지만 아버지는 말없이 땀을 훔칠 뿐이었다

새 이름의 문패를 달고 나서야 알았다
목숨을 던지는 것은 자신을 위해서가 아니라는 것
한 삽 한 삽 떠 넣을 때 새싹이 무럭무럭 자란다는 것

이제는 더 덜어낼 것도 없는 반백, 남은 일은
늙으신 아버지와 어린것들이 함께 거닐 수 있도록
영혼의 마당을 넓히는 것

끝 무질어진 삽 한 자루로
옛날 그 언덕에 묻힌 아버지의 침묵을 찾아다가
어린것들에게 물려주는 일이다

산사山寺의 하루

비벼 먹은 그릇에 물을 부어 들이켠다
이제 중이 다 되었다고 아내가 눈을 흘긴다
허어 웃다가 테두리에 들러붙은 밥풀을 핥는 때
배추김치 한 쪽을 슬쩍 내밀며 산엔 언제 들어가느냐 묻는다

아내여
내게는 하루의 노동과
세 끼 밥이 모두 산중의 일이라네
종일 사람의 밭에 나가 울력을 하고 돌아오면
욕실에서 힘겹게 낡은 피부 한 장을 벗겨내고
깨끗하게 한 공기 밥을 비우고
빈 그릇을 다시 비우고
경전 말씀인 양 시 몇 줄 또 썼다 지우면
덧없이 하루는 저무는 것

나중에 해가 짧아져서
궁상맞은 이 그림자까지 마저 지우고 나면
이승의 소임所任은 끝나는 것이니
그때까지만,
모르는 체 눈감아 주게

잃어버린 길

아침마다 한 개씩 길을 데리고 집을 나선다

별난 향기 곱게 그린 풍경을 찾아
한껏 먼 데까지 나아갔다가
설핏하면 그 길 총총 걷어서 돌아온다

그러나 세상은 너무 빨리 어두워지고
갑작스레 눈비가 몰아치는 것이어서
풀숲에 버려두고 혼자서 돌아오는 때도 있었다

얼마나 많은 길을 내다 버렸던가
그 길머리 들꽃 내음 여전하고
강 건넌 바람이 설레고 있을 터

보폭은 갈수록 짧아지고
되짚어 갈 수 없는
길은 상처가 된다

들 끝에서 불어오는 마른풀 냄새,
이제는 거두는 때
큰길 하나 남겨 두고
사방으로 흩어진 길 그러모을 때

길눈 까마득 닫히기 전에
잃어버린 길을 찾아
다시 길을 떠난다

노안老眼

콘크리트 캄캄한 어둠 속으로
네가 문득 사라진 후
문은 다시 열리지 않았다

쓸쓸히 돌아와 일기책을 펴자 허어 요놈들
꼿꼿하던 글자들이 갸우뚱거리면서
종잇장 속으로 재빠르게 달아나고

이별이나 슬픔 같은 몸이 굼뜬 낱말들만
형광등 불빛에 파-르-르-
떨고 있다

사랑뿐이랴.
소중한 것은 머리부터 발끝까지
제 그림자를 모두 거두어서는
보이지 않는 벽 속으로 사라지는 것이다

철벅철벅 도랑물 소리를 따라나선
한 오래의 동무들
안개 속에 스며서
봄눈 트는 기척에도 꿈쩍하지 않고

고샅길에 혼자 남은 늙은 감나무
안부를 묻는 바람에게
희미하게 고개를 젓고 있을 뿐이다

흘린 밥

아내가 늦는 날은 노을도 시들하다
어둡기 전 허기를 지우려 쌀을 씻는다

손 적시기 싫어
두어 번 바가지를 흔들다 뜨물을 따를 때
조르륵 쌀알이 흘러내린다

배수구 거름망
음식물 쓰레기에 뒤섞인
쌀 알갱이들,

나는 한 숟갈의 밥이 아니라
고향의 맑은 햇살과
풀꽃 한들대는 바람 한 폭을
덧없이 흘려 버린 셈이다

메벼나 찰벼 자르르한 햅쌀도
흠씬 젖지 못하면 밥이 되지 않는다

빈속 흐뭇이 달래지 못해
중국집 번호를 뒤적이는
쓸쓸한 저녁

간간한 일

물이 끓으면
멸치는 유영遊泳을 시작한다

지느러미를 빠져나온 너울이
한바탕 속을 휘젓고 나면
냄비는 적당히 짭짤해진다

다른 양념 없어도
고명을 따로 얹지 않아도

기계국수 한 사리
마른 혀에 감쳐 놓고

한 사발 뜨거운
멸치 국물로 건너는 밤

그제 이제 고만한 밋밋한 생애
이 얼마나 간간한 일이냐

적막한 말

다음에 보자
악수를 나누고 돌아서는데
문득 눈앞이 캄캄해진다

동백에서 산국山菊까지 빠르게 한 순번 돌고 나면
이내 눈발이 치고
세상의 길은 모두 사라져 버릴 것을

내주 혹은 내달 언제
따로 날을 정하지 않았으니
어쩌면 오늘이 우리의 마지막이었을 터

이다음에 그 말씀은
이승의 시간 다 흐른 뒤에
열명길 함께 나서자는 서러운 약속이겠거니

이러한 때
사전 속의 유의어 사후事後는
사후死後로 읽어야 하는 법이다

그 남자의 책 한 권

마지막 인사를 나눈 것이 그저께였는지 그러께였는지
갸웃거리는 사이
그는 서둘러 골목을 빠져나갔다

펄럭이는 외투 자락으로 보아 고생 꽤나 하는 눈치였지만
하드커버도 금박金箔의 번쩍이는 표지도 아닌
겨우 오십 몇 페이지 얄팍한 생
골목 안의 누구도 그의 행적을 주목하지 않았다

무표정한 그의 생애
누락된 단락을 찾아 헤매는지
극적 반전을 위해
복선伏線을 깔러 다니는지
아무도 아는 사람이 없다

한 권의 발문跋文이 쓰여지고
바람 편에 출고出庫될 때까지
도시의 대문은 굳게 닫혀 있는 것

언제 돌아왔는지
창들이 늦도록 불을 밝히고 있다

어쩌면 그는 첫머리부터
문장을 고쳐 쓰고 있는지 모른다

허허虛虛

마음이 흐트러지면 글이 되지 않는 게다.
서툰 언문 글씨로 경전을 베껴 적던
어머니가 조용히 책상을 물린다

나는 컴퓨터로 시를 쓴다
신명조 혹은 맑은 고딕
글씨체도 마음대로 자간 크기 가지런하게

또 하루 빈손으로 돌아와도 허허,
시든 말들은 적당히 살이 붙어
불빛 속에 번듯하게 도드라진다

기승전결 인과관계 완벽하지만
그럴싸한 제목이나
번들한 낱말 몇 개 들어내면
금세 빈 가슴이 드러나고 마는
강마른 생애

행간 행간마다 쓸쓸히
바람이 불고 있다

입동立冬 즈음

시리고 아파 병원에 갔더니 잇몸 뼈가 녹아 사라졌다 한다. 어금니 몇 개 뿌리를 잃고 무른 살 위에 망연히 앉아 있다

밥상 가득한 아내의 수고는 이제 쓸모가 없다. 뼈를 이식하고 이를 새로 해 넣을 때까지 차 한 잔의 약속도 저만큼 끼니 때를 비켜서 잡아야 한다

나는 지금 허방 위에 서 있는 셈이다
언뜻 균형을 잃거나 한 걸음 잘못 내딛으면 저 깊은 나락으로 떨어질 터

씹을 수 없는 아침,
맹물에 만 한 주걱의 밥을
조심스레 목구멍에 밀어 넣고

생기를 잃어버린 지 오래
우수수 잎이 지는 정원의 나무들 곁에 서서

바람 들까 볏짚으로 밑동을 싸고 그의 뿌리 단단히 밟아주는 것이다

깊은 밖

남녘에서 꽃 소식이 들려온 아침
빈 가지에 앉았던 겨울새가 화들짝
공중으로 솟구친다
앞선 놈이 톡 톡 허공 문을 열자
새들은 열 지어 밖으로 사라진다

저 밖은 얼마나 깊은 것인지
종일토록 기다려도 떠오르지 않는다

깊다는 것은 안의 상태를 이르는 말이지만
나이 들면서 깊은 밖이 있다는 것을 알게 되었다

발자국 소리도 귀에 익어서
언짢은 일을 당하셨는지
신선의 술 한 잔 얻어 드셨는지
알 만치 되었다 하면
문득 문을 열고 나가 돌아오지 않았다

계절이 가고 오고
바람이 방향을 바꿀 때마다
이웃의 이름과 낯익은 풍경들이
줄줄이 빠져 나가고
재빠르게 문이 닫힌다

안으로는 결코 열리지 않는
저 문 밖에
바다보다 무량한
세상이 있다

탁본拓本

산비탈에 버려진
빗돌 하나

봉분은 사라지고 없지만
누군가의 집이던 것

한 생애를 해석하는 것은
온전히 살아남은 자의 몫,
얼마나 눅눅했는지 어느 갈피에
피 냄새도 한 줌 섞여 있는지
바위옷을 뒤적이면

생몰生沒 년대 모르는
이름 석 자 희미하게
떠오른다

땅 위의 생계가 아득해지면
제 그림자 총총 거두어 들고
자취 없이 사라지는 것

빗소리에 씻겨서 그 이름마저 지워지면
죽음 위에 또 하나의 주검이 놓이고

아무도 기억하지 못하는
새 이름이 새겨질 것이다

2부

프리즘 읽기

폭포瀑布

굴러야 해

무르팍 깨어지고 발목뼈 어그러져도
굴러야 해 상처가 아물면 더 큰 힘이 솟는 거야 자갈길이나 직각의 모서리,
한 길 넘는 바위도 굴러
굴러서 넘어야 해

지나치게 진지할 필요는 없어
한번 지나치면 그뿐 다시 돌아올 수 없는 시간
거볍게 튀어 올라 몇 차례의 공중회전
고공 낙하의 공포 앞에서 최대한 뻔뻔스럽게

굴려야 해 오래된 전설과 흐르지 않는 절벽,
바위 위에서 낭떠러지를 굴리고 수직으로 떨어지던 절망의 흔적을 굴리고
대대로 유전하는 추락의 트라우마
날려버려야 해

바다에 닿으려면 본디
저의 빛깔로 천 년 만 년
시퍼렇게 살아 있으려면
두 눈 부릅뜨고
굴러야 해

굴려야 해

프리즘 읽기

빨주노초 파남보
햇발에는 일곱 개의 빛깔이 숨어 있다

나무는 통째로 해를 삼켰다가
청靑이나 초록草綠이나 소화할 수 없는
푸른빛을 게워 놓는다
그것이 나무의 색깔

아무리 속내를 감추려 해도
혼자 삭일 수 없는 것들은 햇살 아래
고스란히 드러나는 것

신열身熱이 끓는
아스팔트 위에서 우리는
만난다

무채색의 거리를 배경으로
어제 그제 변함없는 덤덤한 낯빛,

나는 너의 얼굴에서 간밤의
행적을 읽을 수 없다

강 건너 정쟁政爭,
곱절로 값이 뛰어도 여전히 흐뭇한 담배연기와
먼 나라의 지진을 애도하고 슬픔 없이

불볕에 달아오른 안색을 고치기 위해
뿔뿔이 그늘진 골목으로 뛰어든다

지그시

아무도 그의 잠행潛行을 알아채지 못한다

어둠 속으로 스며서
밤이슬 눅눅한 종이 상자들
손수레 넘치도록 눌러 담아도
거울은 활짝 펴지지 않는다

뒷골목 음습한 바람을 헤치고 와서
손에 받아든 고린전 몇 개

아침햇살 속에서
비로소 빛나는 슬픔

지그시 눈을 감는다
아직 깨어나지 않은 얼굴
어린 것이 손바닥에 떠오를 때

허기진 수레를 끌고
그는 다시 골목으로 사라진다

낮달

어린것을 두고는
차마 눈감을 수 없었던
이 땅 수 없는
어미의 마음처럼

강물 따라 흐르다
고향 하늘 훨훨 날아간
실향민
푸른 넋처럼

새날이 와도 달은
서산 이울지 못하고
아침 햇살 퍼져나기를
기다리고 있다가

바람 잦아들고
서리 걷힌 다음에야
허공중으로
사라진다

귀로歸路

끝없는 길
그림자가 함께 나선다

여 보란 듯 한 걸음씩 앞서 가다가
나란히 절름거리다가

부르튼 저녁이면 슬몃
자취를 감춘다

노상에 덩그매
갈피를 잃어

지나온 길 문득
뒤돌아보니

아득하구나
어둠에 갇힌 저

뿔뿔이 혼자서
돌아가는 길

상대성相對性

월화수목금토일
노동의 끝에 휴일이 있다

일월화수목금토
달콤한 휴식 뒤엔 또 일주일 분의
노역이 기다리고 있다

한 주일의 고된 작업을 마치고 네게로 간다
그러나 너의 휴일이 노동의 뒤인지 앞인지
몰라 네게 닿는다는 확신은 없다

화수목금토일월화수
가까이 있지만
가까이 닿을 수 없는,

손에 잡힐 듯 왼쪽
혹은 오른쪽에 너는 서 있지만
어디서도 그대를 만날 수 없다

간間

둑과 둑 사이 강물이 흐른다
한 쪽 둑이 무너지면 강은 이내 공간 밖으로 달아난다

그때와 이때 사이,
그때 혹은 이때를 지워버린다면 시간은 일절 흐르지 않는 것이 된다

흐드러진 봄날
꽃 이파리 몇 장을 떼어 내자 홀연 그대가 사라져 버렸다

텅 빈 시간과 흐르지 않는 공간

애초 그대는 먼 전생의 그림자였거나 혹은 몇 억 광년 뒤에서 달려오는 도중일 것이다

먼 그대와 더 먼 그대 사이에 나는 서 있다

엽서葉書

꽃밭
화사한 그늘 아래
엽서를 쓴다

가뭇없이 사라지는 그대 목소리
더께 앉은 그리움의 부피까지를
떨리는 손끝 빛바랜
여백에 담아
하늘로 높이
띄워 올린다

세월은 가고
외로운 사람만 모두 남아
받들고 섰는
하늘

문득 지나는 구름 그림자에
말없이 꽃잎이 지고
있다

바람의 길

마을의 평화가 깨졌다고 바람을 탓하는 것은 부당하다
바람은 가끔 파도에 젖은 몸을 말리기 위해 뭍으로 오른다
꽃잎 하나 흩뜨리지 않게 잔돌 하나 들멍이지 않게 가만가만 뒤꿈치를 들고 가는 바람의 길

난데없는 돌풍이라니?
누군가 다급하게 대문 흔드는 소리를 들었다면 정원의 나무가 쓰러지고 지붕도 한쪽 날개를 잃어 더 이상 하늘을 꿈꿀 수 없다면 그대, 바람의 통로를 막아선 까닭이다

우르릉우르릉 서럽게 휘몰아치다가 매운 발톱
마침내 깊은 칼자국 하나씩 사람들의 가슴에 남겨놓고 바람은 사라진다

귀를 열면
한 켜 한 켜 모래톱 쓸리는 소리
끝내 제 길을 찾지 못하고 먼 바다로 돌아가는
쓸쓸한 바람 소리

사람을 찾습니다

아무도, 그의 최후를 증언할 사람이 없다

골목에서 달려 나온 낯선 바람이
앙가슴 냅다 떠밀었는지 등을 타고 넘었는지
꽃 한 송이 땅에 떨어진 순간
길들이 잠시 술렁거렸을 뿐

쉿!
몇 개의 청맹과니
굳게 닫힌 입들은 재빠르게
어둠 속으로 스며들었다

묵비권, 이 도시의 정당한 권리
누구도 어둠을 가둘 수는 없어
흐트러진 비명 바퀴에 묻어 사라지는 사이

목격자를 찾습니다.
주인 잃은 만장挽章 한 장 거리에 서서
그의 죽음을 수소문하고 있다

우기雨期

툭, 툭툭
굵은 빗방울이 창을 두드린다

문은 열리지 않는다. 단호하게
옷깃을 여미고 도시는 깊이 잠들었다

후드득 벽을 타고 내린 빗소리들이
초조하게 뒤에 오는 빗물을 기다렸다가
잰걸음으로 골목을 빠져나온다

살아서 뿌리에 닿아야 한다.
땅의 입구를 찾아 우르르
아스팔트를 달려가는
울룩불룩 저 투명한 근육질

입구는 출구의 또 다른 이름.
비의 통로를 닫으면서 도시는
푸른 그늘을 함께 잃어버렸다

쉴 곳을 찾지 못한 바람이
날마다 한 마리씩 새의 기억을 지우고
더 이상 하늘을 꿈꾸지 않는
불모의 거리

열려라 참깨!
오늘밤에도 빗줄기는
간절하게 도시를 두드린다

천사의 죽음*

사람들은 경건하게 매무새를 가다듬고 의식이 시작되기를 기다린다

조명등이 켜지고 수석 주자의 활이 잠시 흐느끼자 조용히 숨을 고르던 바이올린들이 우르르 따라 나선다. 저 은빛 지느러미, 수 십 마리 갈치들의 일사불란한 유영遊泳. 마침내 또 하나의 바다가 깨어난다

우두머리의 몸짓을 따라 빠르고 경쾌하게 자맥질을 하다가 절정의 순간 문득 파도가 허공으로 솟구친다

소멸을 위해, 다시는 떠오를 수 없게 깊이깊이 침몰하기 위해서다. 해일이 일고 산처럼 파도가 밀려온다

하늘을 날던 천사의 날개가 젖고 눈물도 없이 나날이 부패해가는 말랑말랑한 우리의 생애도 적당히 젖는다

조문을 마친 사람들은 새로 만날 죽음을 위하여 간간한 소금물 한 사발씩 가슴에 담고 기쁘게 저들의 세상으로 돌아간다

*천사의 죽음-피아졸라의 '천사의 협주곡(Concierto del Angel)' 제 3악장.

광고 인형

사거리 들붐비는 길모퉁이
날 것처럼 까치발 디디고 서서
은근슬쩍 치맛단을 걷어쥔 금발金髮

홀보들한 너의 자태에 끌려
사람들은 잘 떨어진 깁옷 한 벌에
팔등신의 꿈까지 덤으로 담아가지만

조명등 그늘
네 등에 박힌 못핀과 파르르
떨고 있는 입술은 알아채지 못한다

그믐께의 흐린 달빛만
허위허위 먼 길 달려와서
상처 난 목덜미를 쓰다듬고

코르셋 동여맨 불면不眠의 거리,
오랜 비명을 속으로 삼키며
오늘도 너는 나긋이 웃고 있다

도시의 관습慣習

손가락 끝에는 밝고 예리한 눈이 있어 단 한 번의 악수로도 그의 생애를 낱낱이 들여다볼 수 있다. 걸어온 길 어느 모퉁이에서 향기로운 꽃이 피었다가 열매도 없이 시들었는지 가시 긁힌 자국이 덧나 지울 수 없는 깊은 상처로 남았는지 그 가슴에 얼마나 많은 슬픔이 그렁그렁 맺혀 있는지 짧은 순간, 나는 그를 읽고 그는 나를 읽는다

눈이 내리지 않는 도시의 공기는 건조해서 겨울이면 꼭 한 차례씩 손등이 텄다. 두껍게 화장을 하고 장갑을 끼는 것은 순전히 이 도시의 버릇이지만 지나는 바람에게조차도 자신의 이력履歷을 들키고 싶지 않은 까닭이기도 했다.

검은 장갑을 낀 채로 그가 손을 내밀었다. 체온이 잡히지 않는다. 옹기종기 모여 앉은 어린것들의 가난한 입과 오랜 두통은 보이지 않는다. 번쩍거리는 입술로 무어라고 자꾸 중얼거리는데 도대체 그의 내력을 읽을 수가 없으니 불 꺼진 거리에서 쓸쓸히 바람을 맞고 섰을 뿐이다

오랜 문안問安

그의 어머니를 뵈러 갔다

전망이 좋아 웃돈을 얹어 주었다는 고층
베란다 난간에 기대서서
노파는 환하게 웃고 있다

물씬한 살 냄새
사람의 목소리 반가워서
낯선 남자의 동행에도 경계하는 빛이 없다

여전히 치매를 앓고 있는지
끼니때였음에도 밥투정은 아예 잊어버리고
마냥 좋아서 웃고 있다

떠나신 지 오래
사람의 말은 이미 다 잊었다 해도
길 하나 건너면 이승이어서
그리움은 무시로 경계를 넘나들고

그 마음 이제야 알겠구나
우리는 오래 자리를 뜨지 못했다

유령의 도시

잘못 거셨습니다, 그런 사람 없습니다.
또박또박 알아듣게 설명을 해도 막무가내
노파는 아침마다 영숙이 애비를 찾았다

며칠 새벽잠을 설친 끝에 노파가 아니라 번호에 문제가 있음을 알아차렸다. 말 못할 사연이 있었던 게다. 새로 전화를 놓을 때 그는 슬쩍 제 번호를 나에게 넘겨주고 늙은 어미에게서 달아나버린 것이다. 죄스런 표정으로 애비의 부재不在를 설명하는 동안 팽팽한 통신망 어느 허리쯤에 그는 숨어서 엿듣고 있을 것이다. 몇 마디 밭은 목소리에서 어미의 안부를 확인하고 적이 안도하거나 몇 방울의 슬픔을 애써 삼키고 있을지도 모른다

수신자를 찾지 못한 불안한 벨소리, 그가 제 발로 걸어 나올 때까지 나의 아침은 속수무책이다. 더는 어미의 목소리를 듣지 못하게 될 때에야 그는 마침내 안타까운 눈빛으로 그 모습을 드러낼 것이다

오늘도 노파가 새벽을 깨운다.
모질어야 한다.
철컥,
전화를 끊는다

카페 포크웨이즈 · 1

김포金浦의 논들은 날마다 한 마지기 제 허벅살을 도려서 도시의 바람에게 넘겨주었다. 웅덩이를 메우고 거푸집을 짓기 위해 산은 또 제 팔과 다리를 뚝뚝 분질렀다

거역할 수 없는 일이었다. 마흔 몇 해 깊이 박힌 뿌리를 끊고 그가 훌훌 떠났을 때도 나는 바람에 결박당한 채, 도시에서 건너온 불빛에 속살 허옇게 드러내 놓은 겨울 산을 망연히 바라보고 있을 뿐이었다

가랑잎이 일제히 부르르 몸을 떨었다. 숲 어딘가에서 다시 한 그루의 나무가 스스로를 톱질하고 있을 것이다. 들 끝을 서성이던 해가 갑작스레 피를 토하기 시작했다

억새가 소스라쳐 서로의 어깨를 부둥켜안고 겨울새들은 여느 때처럼 논바닥으로 우수수 떨어져 내렸다. 익숙하게 길은 어둠 속으로 스며들었다

번번이 이렇게 그에게로 가는 길을 잃어버렸다. 어디로 흐르는지 어디에서 닻을 내리는지, 우리는 뿔뿔이 혼자 떠돌고 있었다

카페 포크웨이즈 · 2

오랜 기다림에 좋은 자리, 불빛에 얼굴이 벌겋게 달아올라 불안이나 초조 같은 내면 풍경을 누구에게도 쉽게 들키지 않는 벽난로 옆의 나무 탁자에

나는 앉아 있었다. 벽에 걸린 장미도 이제는 새알 대신 전구를 품은 까치둥지도 마른 풀 냄새가 조금 더 짙어졌을 뿐, 가수는 여전히 낡은 전축 위에서 삼십 년도 더 지난 옛 사랑을 노래하고 있었고

아무 것도 변한 것은 없었다. 한쪽 다리가 짧은 맞은편 의자에서 그의 달콤한 목소리를 떠올리면서 으레 그래왔던 것처럼 두 개의 각설탕을 털어 넣은 커피로 역류하는 위산을 달랜 다음

나이프를 들고 가슴의 여물지 않은 상처 속에 잘 숙성된 스테이크를 꾸역꾸역 밀어 넣었다. 마지막 남은 장작 불꽃이 온전히 사그라질 때까지

문은 열리지 않았다. 간혹 뒤늦게 도착한 새들이 창가에 와서 흐린 불빛에 길을 묻고 있었을 뿐

* 카페 포크웨이즈–김포시 고촌면 소재.

3부

바람의 화법

잠깐

하늘이 열리고 닫히는 사이

한 울음이 다른 울음을 지우는 사이

꽃 피었다 지는 사이

네가 왔다 가는 사이

눈 한 번 감았다

뜨는 사이

아주

잠깐

바람의 화법畵法

되새 혹은 멧종다리
검은 숲에서 문득 새들이 날아오른다
바람이 우르르 따라 일어선다

아니 더 정확하게 말하자면 남으로 왔던 바람이 돌연 머리를 돌리자 겨울새들이 일시에 바람의 꼬리를 따라나섰다는 게 옳을 것이다
새 탓, 아니 바람 때문이다
꽃나무가 화들짝 몸을 뒤척인다

바람은 말없이 빈숲을 메우고 있다가 그만 때가 되었다 싶으면 서둘러 새떼를 몰고 저들의 집으로 돌아가는 것

바람이 떠난 자리,
새의 부리가 닿았던 빈 가지마다
한꺼번에 꽃망울이 터지고 있다

황사黃砂

사람의 마을에서
길이 시작되고

이 길 끝닿는 곳에
바람의 집이 있다

어쩌면 별보다 더
아득한 거리일 것이다

봄바람을 불러 오마
그가 훌쩍 떠난 후

삼월이 저물도록
꽃이 피지 않았다

개나리 진달래
이름을 불러 보는 잠시

난데없는
모래바람

길은 지워져
보이지 않았다

죽순竹筍

하늘 끝 땅 끝
얼마나 멀리 가셨는지
그 목소리 들리지 않네

봄에서 다시 봄까지
하 오래 기다렸으니
궁금하실 터

군입이나
다시고
돌아가라고

그대가 보내오신
풋남새
한 잎

낙화落花 · 1

홀보들한 봄바람

마음 달떠서

하룻밤 환하게 불 밝히고는

그 웃음 얼마나 헤펐던가

고백 성사 총총

떠나는 여자

낙화落花 · 2

무르익은 꽃철
거울 속에서 빠져나온 여자가 총총
숲으로 들어선다

한껏 물오른 가지를 휘어잡는 순간
기우뚱, 숲이 출렁이고
무방비無防備의 꽃향기가 주르르 쏟아진다

일순, 세상이 환하게
열렸다 닫힌다

별곡別曲

차마
한 걸음
사윈 가슴을

여리시 디뎌
가시는
그대

행여
꿈일까
눈을 드느니

저리 고운 노을이
아득
하기만

황사 다시 이는가
그대 방안의 동양화
만발한 꽃잎도 지고
있는가

납작납작

빗물이 주르르 미끄러진다

인력과 중력의 아스라한 경계

용케 살아남은 물방울들
어깨 한번 들썩이지 않고
잎의 표면에 바싹 붙어 있다

티끌보다 작은 나무의 입,
그 속에 들기 위해
몸을 더 곱송그려야 한다

팔 다리 하나씩 지나는 바람에 내어주고
가슴의 부기 다 빠져서 작은 알갱이가 될 때까지

납작 들엎디어
따가운 햇살을 견뎌야 한다

묻지마 방화放火

흉흉한 소문이다.
홀로 떠도는 신원 미상의 바람이
경치 좋은 산을 만나면
공연히 심통을 부린다 한다

간밤에 설악
새벽엔 또 관악이
두 눈 뜨고 꼼짝없이 당했다기에
석왕사 부처님께 손 빌리러 갔더니
따로 둔 방책이 없으신 모양,

명부전冥府殿 단풍이 붉게 타고 있다

케나*

바람 소리 들린다
창 밖에는 꽃잎이 지고 있을 것이다

무너지는 몸을 지켜온 것은
단 한번 그대의 기억이었다

너무도 오래,
이제는 눈물조차 말라버리고

그대 입술에 닿아서 마침내
소스라쳐 울 수 있다면

한 곡조 채 끝나기 전에
모래처럼 잘게 부서진대도

정강이뼈,
마지막 내게 남은 오래된 피리 하나

바람이 분다
한 켜 한 켜 소리가 고이고 있다

* 케나(quena)-안데스 지방의 피리. 갈대의 줄기나 동물의 뼈로 만든다.

심우도尋牛圖

부처는 종일 말이 없다
사자후獅子吼를 기다리던 바람이 한 자락 슬쩍 향연香煙을 걷어들고 법당을 나선다. 종종걸음이다

벽에 납작 붙어 섰던 동자童子가 냉큼 바람의 소매를 잡아끈다
수행자修行者의 길, 잃어버린 소를 찾아
열 폭 그림 속을 달려가다가 문득
숨찬 고삐를 놓아버리고
왜 여기 왔는지 끝내 나도 잊어버리고

해 저물녘
흰 머리 풀어헤친 억새 바람
끄덕끄덕 산을 내려가고

부처는 빙그레,
웃고 있다

만행萬行

길은 꼭 한 발짝씩 앞서간다

그 끝은 어디일까 뒤를 따라나서면 이 골목 저 골목 날쌔게 달아나고 빠른 걸음으로 따라잡을라치면 훌쩍 풀숲으로 뛰어들어 종적을 감춘다.

잡목 숲의 무성한 가지를 헤치고 산길을 들어서면 길은 또 한 걸음 앞서서 하늘로 날아오르고

더 이상 달아날 곳이 없는 봉우리에 서면 산은 넌지시 처음으로 돌아가는 길을 보여준다

길,
아무도 그 끝을 본 사람이 없다

법고法鼓

질긴 가죽으로 입을 메워서
한 마디 말도 할 수 없느니

내게 와서 불법佛法을 구하는 것은
참으로 어리석은 일

그대가 서러운 북채를 들 때,
혼자만의 상처가 아니라고
세상살이 고만고만
속 끓이며 사는 게 아니냐고
이 산 저 산 울음을 불러 모을 뿐

곪고 다시 삭아서
슬픔도 슬픔이 아닌 게 되고
흉 진 자리 덤덤히 바라보게 될 때까지
한 몸 통째로 내주었으니

되우 쳐라
둥 둥
오랜 채질에
살가죽 다 해어져서
팽팽했던 긴장이 툭, 끊어질 때

나는 마침내 목을 놓으리니
그대 함께 환하게 울게 되리니

고목枯木

나무는
한 켜
한 켜
탑을 쌓는다

맨 처음 햇살을 만나기 위해
대지 위에 층층이
탑신塔身을 올린다

가지 위에 가지를 쌓는
쉼 없는 작업,

한 뼘 한 뼘
더 하늘 가까이 나아가다

바람 쓸쓸한 날
제가 늘인 그늘에 소스라쳐서

허공중에 생장을 멈추고 선
늙은 나무 한 그루

빈 손 훨씬 펴고
지나는 구름을 거르고 있다

경계境界

수덕사修德寺
가는 길

난데없는 겨울
소나기라니,

일주문에 서서
비를 긋는다

산중엔 따로 울을
두르지 않느니

문 안의 비와 문 밖의
비가 다르지 않아

바람은 빗물 따라
산을 내려가고

어둔 귀 하나
문설주에 기대어

저녁 법고소리를
기다리고 있다

환절기換節期

겨울 햇살 말없이
유리창에 붙어 서서
간밤의 안부를 살피다 가고

마지막 고비일 터
금세 일어서리라고
여윈 손 쓰다듬고
병실을 나선 입들,

틀렸어 라는가
안됐어 라든가
낮은 음계의 서술어들이
문틈으로 새어들 때마다

고개를 저으며 한 움큼
화병花瓶의 안개꽃이
부서져 내리고

어린 입술에 흘려 넣는
늙은 어미 황망한
마음 한 숟갈

쌍사자 석등雙獅子石燈

하늘 문은 끝내
열리지 않았다

미륵불 어깨 위로
산그늘 슬몃 내리는 오후,

공염불은 이제 그만
백팔염주 던져 놓고

등불 하나
허공중에 내걸기 위해

법당을 걸어 나온
사자 부처

쑥돌 받침대
머리에 이고

전 생애로
외고 있는

나무아미타불
나무 관세음보살

겨울 강을 만나는 법

만행卍行은 끝이 났다
강은 마침내 안거安居에 들었다.
길을 따르던 나무 행자行者들은
강비탈에 나란히 멈추어 서서
묵언 수행 중이다

침묵에 서투른 어린 갈대가
북풍에 깨어서 동동거릴 때
새들은 두 발을 죽지에 묻고
피안으로 떠나간다

멀리서 바라보라.
저의 몸을 바람처럼 비울 수 없다면
큰 기침 하나로 쩍,
두꺼운 얼음장을 가를 만큼
공력이 쌓이지 않았다면

바랑을 내려놓고 휘휘
강보다 먼저 세상 밖으로 흐르거나
눈 쌓인 언덕에 깨금발 딛고 서서
다시 오는 봄을
기다릴 일이다

4부

아지랑이 필 무렵

달력

더 좋은 안경을 더욱 저렴하게
정성을 다하는 화이트안경-
방문 시 2016 캘린더 증정

넌지시,
스팸의 은밀한 유혹

생전에 한 번 만날 수는 있을까
금발金髮의 미끈한 다리 밑으로
한 달이 뭉떵 쓸려 나가는
올 컬러 열두 장 모조지보다
한 장짜리 달력이 나는 좋다

잔글씨 총총 바람벽에 박혀서
눈은 좀 아프더라도
어머니 서툰 언문諺文 글씨에 구멍이 나서
참꽃 피는 봄 며칠이 아쉽게 사라진대도

식구들 생일이며 제삿날까지 손가락 짚으면서
보릿고개 허기를 달랠 수 있는
오래 전에 돌아간 할아버지와
새로 난 어린 것이
마주 보고 한데 웃을 수 있는

옛날 국회의원 달력
다시 한 장 갖고 싶다

아지랑이 필 무렵

새로 큰길이 나서 귀향길이 한결 수월해졌지만
굳이 옛길로 돌아 가고 싶은 때가 있다

목적지보다 한 구간 먼저 문의 인터체인지를 빠져나와 대청 호수를 굽이굽이 휘돌면

저만큼, 물 밑으로 가라앉은 국민학교와 면사무소가 얼비치고 우체국 앞 국밥집 자리 위로 모락모락 뜨거운 김이 피어오른다

거기서 한 마장쯤 늘그미로 넘어가는 고갯길을 더듬다
지천으로 피었던 진달래 눈에 밟힐 때
문둥이 조심스런 숨소리에도 화들짝 놀라 흔들리는
꽃잎들 사이로
산밭에 홀로 두고 온
어린 누이의 새파란 입술도 언뜻 떠올랐다 사라진다

큰집 제사는 아주 잊어버린 듯이
갖은 해찰을 부리면서 찬찬히
산허리 호수 길을 따라 도는 것은
바야흐로 옛날처럼
봄이 다시 오는 까닭이다

물수제비

그렇게 뽀로통 달아날 건 뭐야 계집애

움찔 햇빛이
  흔
들
 리
    고
바람은 끝내 길을 잃었다

마음먹으면 열 번 스무 번도 더
네 가슴 아프게 흔들 수 있어
그 속을 훌렁 뒤집어놓을 테야.
편편한 돌을 골랐다

소금쟁이처럼 낮게 허리를 수그리고
수평 비행,
일정한 간격을 유지해야 해.

젖꼭지 톡 톡
팽팽하게 부풀어
가쁜 숨결, 가도오도 못하고
발만 동동 구르게 할 테야.

그러나 네 심장의 언저리에서
내 사랑은 무겁게 곤두박질치고

강江은 오늘도 데면데면 무심하고

다시 장독대에서

슬라브 지붕
우두커니 올라앉은 오지항아리

첫물 길어 메주를 띄워놓고 어머니가 기다린 것은 단맛의 간장만이 아니었다. 맑은 날 해종일 열어두고 있다가 지나던 구름이 풍덩 뛰어들면 달아날세라 뚜껑을 냉큼 덮으셨는데 그 때마다 항아리는 꼭 한 뼘씩 속이 깊어졌다

아침마다 어머니는 가파른 계단을 타고 올라 오래 숙성시킨 구름을 종지에 담아내셨다. 잘 비벼진 한 송이의 구름을 먹고 참으로 오래 세상 밖으로 훨훨 날아다녔다

노을 지는 시간
어깨 처져 돌아오니 단지 속에는 빈 하늘과 아직 떠나지 못한 눅눅한 바람이 성긴 거미줄에 걸려있을 뿐

입맛을 잃어버린 늙으신 어머니는
이제는 다시 장을 담지 않는다

목련

시골 이발소를
기억하지

까까머리 어린 손이 머리를 감는 동안
늙은 이발사가 문을 열고 나서면
저요, 저요!
빨랫줄의 수건들이 소란스럽게 나부끼던

늦은 봄날
목련 나무 밑에는
누군가 쓰고 버린
낡은 수건 몇 장

옛꿈을 꾸는지
이리저리 몸을 뒤치고 있다

사경寫經

심심불 처처불心心佛處處佛
늙으신 어머니는 산을 찾는 대신
가슴에 암자 한 채 새로 들이셨다

이 빠진 밥상 앞에
덜걱거리는 무릎을 꿇고
화석이 된 여래如來의 음성을
한 글자 한 글자 옮겨 적는다

언제나 그 끝에 이르게 될지
닳아버린 연필심이 못내 불안하지만
어머니는 결코 서두르지 않는다

연방 침을 묻혀가며
한 걸음 한 걸음
묘법妙法의 세계로 들어간다

어디쯤 가고 있을까
저문 햇살 어깨 너머 기웃거리고
어머니는 오늘도
금강金剛의 숲을 거닐고 있다

괴깃국

하객들이 모두 돌아가고
허겁지겁 달려온 윗말 송 영감 앞에
큰 아들이 공손히 무릎을 꿇었다

참으로 지송하구먼유
근디 어쩌겄어유 아부지 환갑이니께 잔치는 해야는디 괴기 끊을 형편은 안 되구
알지유, 아자씨가 얼매나 애끼시던 짐승인지
보릿고개라구 그것두 먹을 기 읎으니께 허어 불쌍헌 기
쥐약을 처묵은 게비라구 차마 거시기 허들 못허구
짚은 땅에 묻어주셨다구, 다 들었시유
하늘이야 무섭지만 그래두 산 입이 더 중헌께
쩌-그 동상눔허구 누렁이를 파냈구먼유
내장 다 발라내구 살코기만 푹푹 고아 내니께
손님덜은 뭣도 모르구 맛있게 자시구 간 걸유
그 눔이 지들보다 더 효자노릇 했지유
지신명헌티는 지가 빌고 또 빌었으니께
갸두 인자 미쳐서 떠돌지 않구 저승길 편히 갔을 거구먼유
그저 자식 된 도리나 시아려 주시구
용서허구 또 용서허셔유

화목火木

곰곰 생각해보면 할아버지는 살아있는 사람이 아니었어. 도깨비를 만나 씨름 한 판 했노라고 진창말이하여서 돌아오던 밤, 이미 마음은 저들을 따라갔는데 식구들은 깜깜 몰랐던 거야

할 일이 남았으니 저승의 시간으로 며칠 말미를 얻으셨던 게지. 미리감치 몇 그루 통나무를 베어다가 초가 그늘에 세워놓고 녀석아, 나중에 할아버지 타고 갈 거여. 흰 수염 허어 허어 웃으셨는데

세상일 마뜩잖으면 언제라도 훌쩍 떠날 수 있게 뮛자리를 보자 하고 밖으로만 휠휠 다니시다가 약속을 그만 잊어버렸던지 총총한 걸음, 미처 톱질할 틈을 놓치셨던 게야

삼우제三虞祭를 지낸 밤 아궁이에는 도끼로 벼린 할아버지의 뗏목이 타고 있다. 오래 앓던 사랑의 해소 기침이 콜록콜록 굴뚝을 빠져나간다

버려진 우물

두레박에 옥색
치마가 걸려 올라왔다

배 속에 물이 차는 병이라거나
아비 모를 자식을 가졌다거나
소문 꽃이 무성하게 피고 있을 때

소박맞고 돌아온 탱자나무집 큰딸
뒤울안서 혼자 속울음 울다
별빛 시든 밤 종적을 감추었다

사람의 눈을 피해 다른 세상으로 떠나는
유일한 문,
어른들은 서둘러 우물을 메웠다

쑥대강이 귀신이 뒤를 잡을까
아낙네들 멀찍이 돌아서 가고

무어라 그 여자와 약속이 있었던지
이李 과부댁 외아들 집 떠나던 날

새로 지은 배냇저고리 한 장
우물터에 놓여 있었다

덕달귀

무너진 마당 한편
흙먼지를 덮어쓴
구두 한 켤레

진창의 골목과
안쪽으로 기운 조심스런 보행 습관

구두는 저를 버린
주인의 행적을 기억한다

하루에도 수십 편
시린 바람이 와서 발을 꿰어 보지만
무작정 따라나설 수는 없는 일

노을을 끌고 지나는 사람들 속에서
그의 맨발을 찾아낼 때까지

낡은 집
묵묵히 늙어 가는
구두 한 켤레

* 덕달귀–낡은 집에 붙어 있다는 귀신.

큰일

여보세요
김 사장님? 지붕 좀 봐 달랬더니 이제 전화 주셨네
저예요, 어머니
빨리 와 보셔, 천장에서 물이 뚝뚝 떨어진다니까
아들이라구요!
뭐라 하는지 통 들리지를 않네. 잠깐 기다리셔, 저이 바꿔줄게

아버지!
아, 큰애구나
배수구가 막혔는가요?
네 어머니 귀가 먹어서 큰일이다
사람 불러도 안 오고 갑갑해서 어떡해요
답답하다마다. 글쎄 자꾸 딴소리를 하는구나

여름 풍정風情

삼거리 달아오른 길 위에 문득, 흘레붙은 개가 떠오른다

늙은 밀짚모자가 휘휘 손을 내젓다 말고 날벌레가 들었는지 우묵한 눈을 끄먹거린다. 작대기를 든 벌거숭이들이 깔깔거리며 뒤를 쫓고 길턱으로 내몰려서도 개는 끝끝내 나머지 반쪽을 버리지 못한다.

웃통을 벗어부친 평상의 반바지가 흘러내린 막걸리를 쓰윽 훔치며 흠, 흠 공연한 헛기침을 하고

벌건 대낮.
슈퍼여자는 말없이 플라스틱 화분의 고추를 따고 있다

농다리

헤엄칠 생각을 왜 안 했겠는가

세찬 물살 온몸으로 거머당기면
은하처럼 아득해도 저 언덕
한곁에 닿을 것을

강변의
넓적
돌
이리 괴
고 저리 받
쳐서 겨
우 한
발짝
씩 나는 나
아가느니

그대가 흘리시는 안타까운 물소리 왜 모르겠는가

앞서 떠난 이들의 가쁜 숨결에
굽이치는 물결을 휘감아 들고

이생 아니면 다음 어느 생이라도
마침내 그대에게 이르리니

그대의 발밑에도 풀쑥
징검돌 하나
솟으리니

술래잡기

무궁화꽃이피었습니다
무궁화꽃이피었습니다

술래가 꽃송이를 세는 동안
외양간 어둠으로 뛰어들지만
가쁜 숨결 미처 여미지 못해
매양 나는 햇살 아래 불려 나왔다

이제는 술래 되어
그를 찾아 나설 차례,
우르르 몰려간 자취를 쫓아
산으로 이어진 길을 잡았다

머리카락 보일라
꼭꼭 숨어서

산등을 죄다 걸터듬어도
그 모습 다시 보이지 않고

새로 난 지번地番
성긴 잔디 위에서
길을 잃은 바람

돌아오는 골목길
그렁그렁 무궁화가 지고 있었다

종이비행기

아무리 욕심껏 움켜쥐어도
낡은 외투 몇 장과
거미줄에 결박당한 늙은 집 한 채
내가 지닌 것의 전부. 이승에서

날아야 해. 깃털처럼 가볍게
일기장을 뜯어서
휠씬 날개를 펼친 다음
바람 부는 언덕으로 들고 나갔어

강 한 줄기쯤
기류만 잘 타면 어쩌면
천국天國까지 닿을지 몰라.
단숨에

날려버려. 어제와 그제
짧은 웃음 뒤의 오래된 절망
딱지가 덕지덕지 끝내 깁지 못한
상처. 훨훨

가벼운 날들은
강 깊은 어둠 속으로 사라지고
그만 잊고 싶었던 무거운 날은
발밑에 툭, 하고 떨어진다

얼마나 더 뾰족하게
부리를 접어야 하지?

실낙원失樂園

京畿道 富川市 梧亭區 鵲洞
무릉도원사거리에서
바람은 길을 잃는다

사방을 둘러보아도
복숭아꽃 별세계 보이지 않고

표지판 어디에도
낙원 가는 길이 없는데

직진
좌회전
유턴
때 없이 명멸하는 신호등

어떻게 가야 하나
잃어버린 나의 나라

산 까치 울지 않는
무릉도원사거리
바람은 언제나 길을 잃는다

무릉도원수목원

사랑한다.
사랑하지 않는다.

한다.
않는다.

차례로 잎을 떼어낸다

아카시아 이파리는 홀수여서
사랑한다에서 시작하면 한다가 남고
사랑하지 않는다에서 시작하면 않는다가 남는다

운명처럼 결말은 이미 정해져 있었다
나는 한다. 로 시작하고
그는 않는다. 부터 시작했으므로
사랑은 늘 어긋나는 것이었다

않는다에서 시작해도 한다가 남는
마디마디 꼭 쌍으로만 붙어 나는
마주난 잎차례를 찾아
다시 숲길로 들어선다

시래깃국

시골서 보내오신 시래기를 불려 놓고
멸치의 내장을 바른다

얼마나 먼 바다를 돌아왔는지
딱딱하게 굳은 배설물이
창자째 툭 툭 바닥에 떨어진다

어머니의 시린 손마디와
파도를 가르던 거친 숨결이
쌀뜨물에 질펀하게 흐드러져서
우리의 저녁은 따뜻해진다

나의 시는 어느 가난한 식탁에서
한 사발의 뜨끈한 국물이 될까

노동의 더운 땀이 흐르지 않는 행간行間,
어둠을 응시하는 매운 눈매를 잃어버린 낱말들은
오늘도 터덜터덜 빈손으로 돌아오는
식구들의 헛헛한 속을 다스릴 수 있을까

멸치 똥을 치우면서
어찌할까 잠시 고민하다가
겨울호에 실을 원고 몇 편
신문지에 둘둘 말아
쓰레기봉투에 쑤셔 넣는다

작품해설

-마경덕-

소슬함의 근저根底에서 만난 생의 진경眞景

■ 평설(評說)

소슬함의 근저根底에서 만난 생의 진경眞景

마 경 덕 (시인)

추녀 끝 풍경風磬 소리가 소음에 찌든 귀를 헹군다. 바람이 어루만질 때마다 묶인 물고기가 파닥거리고 메마른 허공에서 찰랑찰랑 물소리가 난다. 작은 종지 모양의 종에 갇힌 물고기 한 마리가 바람과 놀고 있다. 밀고 당기는 간격이 적당하다. 바람의 각도와 물고기의 각도가 어우러져 소리의 모서리가 둥글어진다. 종발鐘鉢보다 작은 종지가 맑은 소리를 낸다. 청량한 소리는 덤이다.

사물에게도 목소리가 있다. 나무 중에서 가장 고운 목소리를 지닌 살구나무가 목탁이 되듯이, 시인도 저마다 색깔이 있다. 시인의 목소리는 '청각' 이라는 영역에서 '시각적' 인 영역까지 확대된다.

김경식 시인의 목소리는 가을 산사山寺의 추녀 끝 풍경 소리처럼 애틋하고 청량하다. 시인이 언어로 번역해 낸 '비애'와 '슬픔'이 마음 저편으로 유배流配시킨 묵은 상처까지 어루만진다. 실로 아름다운 파문이다. 군더더기 없이 잘 정제된 김경식의 시편詩篇 요소요소에서 발견되는 특징은 불교적 성찰省察이다. 불교 중심 사상의 세 가지 특성 중 하나인 무상無常은 태어나고 죽고 흥하고 망하는 것의 덧없음을 이른다. 생하고 멸함이 없이 늘 그대로 있음이 상주常住이니 무상無常은 일정하지 않고 늘 변한다는 말이다. "나는 무엇을 알 수 있는가?"라는 물음이 철학자 칸트Kant에게 최초의 관문이었듯이 불교의 실천적 인식이 최초로 당면한 문제는 인생의 고苦였다. 인간은 누구나 고苦에서 벗어나 낙樂을 구하려고 하지만 간신히 얻은 행복조차 오래 머물지 않고 사라져 버린다. 지금 손에 쥔 것도 내 것이 아니다. 마음의 안락을 구하지 못하면 고苦에서 벗어날 수 없다. 모든 것이 무상이다. 이러한 불교적 사상이 김경식의 시편 곳곳에서 발견된다.

이는 '가슴에 암자 한 채 새로 들'여 놓고'이 빠진 밥상 앞에/ 덜걱거리는 무릎을 꿇고/ 화석이 된 여래如來의 음성을/ 한 글자 한 글자 옮겨 적는'(『사경(寫經)』 부분) 불심佛心 강한 어머니의 영향이 크다고 하겠다.

"나〔自我〕"라는 것은 없다"는 "무아無我"에는 아무것도 존재하지 않는다는 부정적인 표현이 깃들어 있지만 김경식의 시는 분명히 '허무주의'와는 다르다. 인간의 사고로 실증할 수 없는 보이지 않는 영역이 '어딘가'에 있다는 것을 그는 믿고 있다. 보이지 않는 바람의 존재를 부정할 수 없듯이 그는 현실세계 저 너머 보이지 않는 초월적인 세계를 인지하고 있는 것이다. 이편에서 저편의 세계를 탐색하며 시인은 시를 쓴다.

플라톤Platon이 소개한 일화가 있다. 만물의 기본원리를 탐구하여 서양철학의 아버지라 불리는 탈레스Thales가 별을 탐구하기 위해 밤하늘을 보면서 걸어가다가 우물에 빠졌다고 한다. 그러자 곁에 있던 하녀가 하늘에서 일어나는 일을 알기 위해 발아래를 보지 못한 탈레스를 비웃었다는 것이다. 플라톤은 철학이란 보편적이고 궁극적인 것을 탐구하는 학문이기 때문에 철학을 하는 사람은 언제든지 이런 조롱을 받을 수 있다고 했다. 시인도 이와 다르지 않다. 시에 정신이 팔려 현실을 감지하지 못할 때 세상 사람들은 시인을 어떻게 생각할까? 아래 예시 『나부랭이 시』에 시인을 바라보는 냉소적인 시선이 잘 드러나 있다.

> 오늘도 사 남매는 카톡 중이다.
> 서로 안부를 묻다가
> 큰 오라버니는 바쁘신가 통 말씀이 없으시네.
> 화사한 막내가 굼뜬 손을 툭 치고 지나자
> 시 나부랭이 쓰고 있겠지 뭐.
> 퉁퉁 부은 둘째 얼굴이 재빠르게 떠오른다

그렇구나, 시인이 침묵하고 있으면
시 나부랭이를 쓰고 있는 것이구나

저들의 가슴에 닿지 못하는
아무짝 쓸모없는 나부랭이 시,
나는 또 나부랭이 시인이구나

비밀결사의 암호문처럼
생의 어느 행간(行間)에 낯선 기호가 섞여 있는지
곰곰 돌아보는 저녁

서툰 손가락은
형제들의 대화에 끼지 못하고
시 나부랭이를 끄적이고 있다

– 『나부랭이 시』 전문

인간의 기능 중에서 동물과 다른 점은 이성적理性的인 사유 기능이다. 이성적인 사유를 통해 덕을 쌓고 인품은 만들어진다. 인간이 추구하는 궁극적인 목표는 '행복' 이지만 개개인이 느끼는 행복의 기준은 다르다. 시인은 시가 지닌 '가치' 를 알기에 사 남매가 모이는 '대화의 방' 에 들지 못하고 시 쓰기에 집중한다. 설사 시가 주는 행복이 미소微小할지라도 시를 통해 "자신의 존재"를 확인하고 싶은 것이다. 현실에서 낙오한 앨버트로스albatross 같은 시인들에게 시는 무엇일까. 시를 쓰려면 세속적인 쾌락에서 비켜서야 한다. 즐거움에 취해 '시에게 버림받은 시인' 과 시로 인해 '피폐해진 시인에게 버림받은 시'

도 있다. 그 부류의 불행에 끼지 않으려면 시인은 침묵하며 '나부랭이 시' 라도 '끄적' 거려야 한다. 꼭꼭 숨어 버린 암호를 찾듯 '생의 행간行間' 에서 낯선 기호를 찾는 밤이다. 시인에게 '익숙함' 이란 치명적이다. 시인은 각각 '개별자個別者' 이지만 그 시를 읽는 독자들은 '보편자普遍者' 이기에 새로움만이 '뼈가 튼튼' 한 시를 세울 수 있다. 시인은 상상력을 통해 현실의 대상들을 꿰뚫어 보고 현실 세계와 관념 세계를 접목시킨다. 이때 대상들은 서로 관계를 맺고 '상응' 하며 '결합' 한다. 시인은 아무짝에도 쓸모없는 '나부랭이 시인' 이라고 자조하지만 그 조소嘲笑의 힘으로 다시 몸을 치며 일어설 수 있을 것이다. 시인에게 시는 각별하다. 시 한편을 낳고 기뻐서 무릎을 친 날도 분명 있을 것이다. 그 어떤 것이 이만한 성취감을 줄 수 있으랴. 소란하고 화려한 곳을 피해 '적당한 어둠' 과 '남루함' 과 '소슬함의 근저' 에 시는 살고 있다. 아래 예시 『간절한 안부』에서도 그동안 시인이 상습적으로 복용한 외로움의 양이 잘 드러난다.

예, 김경식입니다.

긴 신호음 끝에 그가 수화기를 들었을 때
내 이름을 먼저 말할 때가 있다

일순 당황해서 용건은 저만치 미루어 두고
여행하기 좋은 날씨라거나

별장 겸해 시골에 주택 한 채 사 두면 좋겠다거나
실없는 소리를 낄낄거린다

무슨 긴한 볼일이 있어 걸었지만
나는 그의 전화를 기다리고 있었음에 틀림없다

하루 또 하루 낡아가는 날들
염색은 얼마나 자주 해야 하는지
사무실의 책상은 용케 지키고 있는지 물어 주기를
간절히 바라고 있었던 게다

갈급하게 번호를 누르고는
부지중에 내 이름을 먼저 말하는 때가 있다

예, 김경식입니다.

– 『간절한 안부』 전문

이 시집에서 주목해야 할 것이 또 있다. '성찰'과 함께 인간에게 주어진 '원초적 고독'이다. 인간은 군집 생활에 길들여졌다. 그러므로 집단에서 이탈하거나 소외되었을 때 외로움을 느낀다. 타인에 둘러싸여 살아가면서도 내면의 고립감으로 방황하는 '고독한 군중'도 있다. 슈베르트Schubert는 인간의 원초적인 고독에 대해 이렇게 적었다. "이 세상 어느 누구도 타인의 슬픔을 이해할 수 없고, 이 세상 어느 누구도 타인의 기쁨을 이해할 수 없다. 우리는 상대에게 다가갈 수 있다고 믿고 있지만 실제로는 그저 그 옆을 스쳐 지나갈 뿐이다." 슈베르트의 '겨울 나그네'는 음울하고 비극적인 노래이다. 가난과 고독에 지쳐 있던 슈베르트는 '겨울 나그네'를 완성한 이듬해에 병으로 세상을 떠났다. 작곡가 슈베르트 역시 황량한 겨울 벌판을 방황하는 나그네였을 것이다. '간절하다'는 '지극하다'는 것이다. 긴 신호음을 기다려줄 만큼 외롭다는 것이 아닌가. 시인은 이제 머리 염색을 할 나이가 되었고 책상을 지킨 햇수도 꽤나 오래되었다. "염색"과 "책상"은 '시간'이라는 공통점으로 일맥상통하고 있다. 시인은 그저 실없는 소리나 낄낄거리며 자신의 빛바랜 쓸쓸함을 덮어 둔다. 『간절한 안부』는 세상에 부대끼며 내적 자극에 예민해진 '중년'들의 공통적인 심리를 잘 표출하였다. 그저 실없는 소리로 얼버무리는 모습이 더없이 쓸쓸하다. 다음 예시 『적막한 말』은 이 시집의 표제작이다. 『간절한 안부』와 같은 소슬한 여운이 묻어난다.

다음에 보자
악수를 나누고 돌아서는데
문득 눈앞이 캄캄해진다

동백에서 산국山菊까지 빠르게 한 순번 돌고 나면
이내 눈발이 치고
세상의 길들 모두 사라져 버릴 것을

내주 혹은 내달 언제
따로 날을 정하지 않았으니
어쩌면 오늘이 우리의 마지막이었을 터

다음에, 그 말씀은
이승의 시간 다 흐른 뒤에
열명길 함께 나서자는 서러운 약속이겠거니

이러한 때
사전 속의 유의어 사후事後는
사후死後로 읽어야 하는 법이다

– 『적막한 말』 전문

기억한다는 것은 자신의 내부인 내적 세계에서 변화를 일으켜 새로운 존재의 의미를 부여하는 것이라고 한다. 우연히 마주친 기억들은 대부분 무의미하게 흘러가 버린다. 어느 날 마주친 지인에게 우리는 습관처럼 말을 건넨다. "다음에 밥 한번 먹어요." 그러나 '다음'이란 언제일까? 그 의례적인 말을 곧이듣는 사람은 없다. 기약 없는 말을 듣고도 우리는 늘 천연덕스럽다. 시인에게 건너온 말 한 마디, 그 미약한 진동이 파문처럼 확산된다. 말은 "마음의 온도"에 따라 차거나 따뜻하다. 후일을 약속하는 '다음'은 분명 따스한 말인데 문득, 마음의 거리가 아득하다. 진심이 깃들지 않으면 죽은 말이다. 동음이의어 '사후事後'와 '사후死後', 기약 없는 '다음'은 어쩌면 이승의 시간이 다 흐른 뒤가 아닐까. 『적막한 말』은 삶의 비애가 느껴진다. 적막 중에서도 가장 쓸쓸한 적막은 "사람의 몸"에 사는 적막이다. 이 적막과 오래 동거하면 시나브로 마음에 녹이 슬어 말도 기억도 잊어버린다. 이 적막을 몰아내기 위해 우리는 수다를 떨고 깔깔거린다. 통화를 하고 약속을 하고 모임을 만든다. 뜻이 같은 사람끼리 의기투합하고 취미를 공유한다. 잠깐 스치는 인연도 아쉬운 듯 악수를 하고 전화번호를 나눈다. 서로의 체온을 교감할 때 "적막"을 "한 줌"씩 덜어내는 것이다. 적막에서 멀어지기 위한 방법은 어려서부터 익히 배워 왔다. 공손히 손을 모으고 인사를 하는 것을 시작으로 우리는 무리 속으로 들어가 섞인다. 인간은 사교적 동물이라 홀로 떨어지면 적막에 붙잡혀 병이 드는 것이다. 『적막한 말』은 "말할 수 없는 것들의 서글픔", "그렇게 할 수밖에 없는 말의 서글픔"이 배어 있다. 김경식 시인은 일상에서 포착한 사소한 풍경으로 습관화된 우리들의 심리를 밀도 있게 다루고 있다.

하늘이 열리고 닫히는 사이

한 울음이 다른 울음을 지우는 사이

꽃 피었다 지는 사이

네가 왔다 가는 사이

눈 한 번 감았다

뜨는 사이

아주

잠깐

– 『잠깐』 전문

'잠깐' 은 '매우 짧은' 동안이다. 그 사이에 '하늘이 열리고 닫힌' 다. 누군가의 '울음이 또 다른 울음' 을 지우고, '눈 한 번 감았다 뜨는' 사이 '꽃이 피고 지고' 무엇보다 '네가 왔다가 가 버렸다' . 모두 찰나였다. 일장춘몽이다. 사물과 내가 한 몸이 되는 호접지몽胡蝶之夢 속에 자연물과 자아가 하나 되어 대상에 몰입된 경지를 나타내는 물아일체物我一體와 자신을 잊는 경지를 가리키는 무아지경無我之境의 이미지가 들어 있다. 어느 날 장자莊子가 꿈속에서 나비가 되어 꽃밭을 날아다니다 꿈을 깨어 보니 자신은 장자라는 사람이었다. "나 장자가 나비의 꿈을 꾼 것인가, 나비가 장자라는 인간이 되는 꿈을 꾸고 있는 것인가?" 라는 의문을 품고 이후 꿈과 현실을 구분 짓는 것 자체가 의미 없음을 깨닫게 되었다고 한다. 길거나 짧거나 우리의 일생은 어쩌면 한 편의 꿈이 아닐까. 어느 날 꿈에서 깨었을 때 머리는 백발이 되고 죽음은 소리 없이 다가와 있을 것이다. 명예와 권력, 막대한 재력도 '죽음' 앞에서는 아무 소용이 없다. 그토록 갈망하고 소유하고 싶은 것들도 생각해 보면 부질없는 일이었다. 참으로 짧은, 잠깐이었다. 『잠깐』은 생의 '덧없음' , 인간의 '한계' 와 '무력함' , 거스를 수 없는 "자연의 원리와 법칙"을 보여주는 작품이다. 아래 『만행萬行』도 비슷한 맥락으로 읽을 수 있다.

길은 꼭 한 발짝씩 앞서간다

그 끝은 어디일까 뒤를 따라나서면 이 골목 저 골목 날쌔게 달아나고 빠른 걸음으로 따라잡을라치면 훌쩍 풀숲으로 뛰어들어 종적을 감춘다.

잡목 숲의 무성한 가지를 헤치고 산길을 들어서면 길은 또 한 걸음 앞서서 하늘로 날아오르고

더 이상 달아날 곳이 없는 봉우리에 서면 산은 넌지시 처음으로 돌아가는 길을 보여준다

길,
아무도 그 끝을 본 사람이 없다

– 『만행萬行』 전문

『만행萬行』은 불교도나 수행자들이 지켜야 할 행동이나 부처의 가르침을 실천하기 위해 여러 곳을 다니며 겪는 수행이다. 바랑을 지고 정처 없이 떠도는 탁발승托鉢僧이 먼저 떠오른다. 탁발이란 "공양 그릇을 받쳐 들다"라는 뜻으로 승려들이 공양과 보시로서 생활을 영위하는 것이다. 출가出家한 수행자는 발우鉢盂를 들고 마을로 나가 음식을 얻는데 이것은 단순한 구걸이 아니라 하나의 수행 방식이라고 한다. 탁발을 통해 "무욕과 무소유"를 실천하고자 하는 것이다. 이런 행위는 주로 길에서 벌어진다. 깨달음을 얻기 위해 정처 없이 길을 나서지만

"길은 꼭 한 발짝씩 앞서간다// 그 끝은 어디일까 뒤를 따라나서면 이 골목 저 골목 날쌔게 달아나고 빠른 걸음으로 따라잡을라치면 훌쩍 풀숲으로 뛰어들어 종적을 감추"는, '길'이 상징하는 것은 무질서 속에서도 평정을 찾으며 긴 여정을 거쳐온 삶의 기록이다. 자기 각성을 이루려는 구도자의 고달픔은 길에서 시작되고 길에서 끝이 난다. 속세에 섞여도 절대 균형을 유지하려는 수행자의 태도는 '외로움'을 감당하는 것으로 그치지 않고 한 발 나아가 신적인 존재와 합일하는 것이다. 여기서 말하는 '길'은 열반에 들기 위해 찾아 헤매는 '진리'일 것이다. 일체의 속박에서 해탈解脫한 최고의 경지를 추구하지만 끝내 '길'은 '길'일 뿐이다. 세상과 소통하는 통로에서 수행자는 스스로 법열法悅을 찾아 헤매지만 '끝'이 없다는 결론에 도달하고 만다. 아무도 본 적이 없는 것들이 경계를 벗어난 저편에 서 있다. 살아서는 도착하지 못할 현실의 바깥에 존재하는 '저쪽'은 언제나 살아있는 '이쪽'에게 호기심의 대상이다. 인간의 언어로는 표출하지 못할 기운이 시편에 깔린 김경식의 시 세계는 개인의 자성自省은 물론 주변과 상호 주관적 관계를 유지하며 깨달음에 집중한다.

산비탈에 버려진
빗돌 하나

봉분은 사라지고 없지만
누군가의 집이던 것

한 생애를 해석하는 것은
온전히 살아남은 자의 몫,
얼마나 눅눅했는지 어느 갈피에
피 냄새도 한 줌 섞여 있는지
바위옷을 뒤적이면

생몰生沒 년대 모르는
이름 석 자 희미하게
떠오른다

땅 위의 생계가 아득해지면
제 그림자 총총 거두어 들고
자취 없이 사라지는 것

빗소리에 씻겨서 그 이름마저 지워지면
죽음 위에 또 하나의 주검이 놓이고

아무도 기억하지 못하는
새 이름이 새겨질 것이다

– 『탁본拓本』 전문

삶의 속도는 저마다 다르다. 하지만 과속이나 서행이나 마지막 지점은 죽음이다. 시간은 재생산되지만 소모해 버린 인간의 수명은 재생되지 않는다. 생의 마침표는 신이 정해 놓은 공식이지만 생몰은 순서가 없다. 생로병사의 법칙에서 아무도 벗어날 수 없다. '사후死後' 가 남겨둔 '부재' 는 뼈아픈 말이지만 신은 인간을 위해 망각忘却을 준비해 두었다. 신의 배려로 시간이 흐르면 송곳 같은 통증도 점점 무디어진다. 어느 날 시인이 산비탈에서 만난 빗돌은 제가 모셨던 주인을 기억하고 있을까. 고인故人을 기억하는 사람이 사라져 봉분은 낮아지고 기어이 평지가 되었다. 다만 그곳이 '누군가의 집' 이었다고 빗돌 하나가 알려 준다. 생몰 연대조차 알 수 없는 그 '누군가' 는 이 땅에서 아득히 멀어진 사람이다. 사람들은 잊히지 않으려고 돌에 이름을 새긴다. 하지만 비바람에 돌도 늙어 언젠가는 기록한 것을 놓치고 만다. 이 세상에서 영원한 것은 아무것도 없다. '한 생애를 해석하는 것은 살아있는 자의 몫' 이라 역사에 족적을 남기면 위대한 업적을 기록하고 그의 죽음을 기념하지만 모두가 기억할만한 이름은 몇이나 될까. 먼지처럼 사라진 죽음 위에 또 죽음이 눕는다. 어느 날 우연히 만난 '빗돌' 하나의 의미는 불교에서 유래한 공수래공수거空手來空手去를 떠올리게 한다. 인생의 본질을 되돌아보게 하는 『탁본拓本』은 생의 '덧없음' 을 주인 없는 '빗돌' 을 통해 보여 주고 있다. 아래 『간間』을 다시 주목해 보자.

둑과 둑 사이 강물이 흐른다
한 쪽 둑이 무너지면 강은 이내 공간 밖으로 달아난다

그때와 이때 사이,
그때 혹은 이때를 지워 버린다면 시간은 일절 흐르지 않는 것이 된다

흐드러진 봄날

꽃 이파리 몇 장을 떼어 내자 홀연 그대가 사라져 버렸다

텅 빈 시간과 흐르지 않는 공간

애초 그대는 먼 전생의 그림자였거나 혹은 몇 억 광년 뒤에서 달려오는 도중일 것이다

먼 그대와 더 먼 그대 사이에 나는 서 있다

– 『간間』 전문

불교에서 말하는 인연의 겁劫이란 무엇일까. 둘레 사방 40리里 되는 바위에 백 년마다 한 번씩 하늘의 선녀가 내려와 춤을 추는데 그때 선녀의 얇은 옷이 스쳐서 그 바위가 다 닳아 없어져도 일겁一劫이 안 된다고 한다. 또 사방 40리나 되는 성 안에 겨자씨를 가득 채우고 백 년마다 하늘 새가 날아와 그 씨앗을 한 알씩 물고 하늘로 올라가 그 겨자씨가 다 없어져도 일겁이 안 된다고 하니 겁은 도저히 헤아릴 수 없는 긴 시간을 의미한다.『간間』은 불교적 상상력이 돋보이는 작품이다. 현대시에서 불교적 세계관과 불교적 상상력의 수용은 매우 적극적이다. 1990년대 이후 해체주의가 급속하게 유입되고 근대 서구의 인간중심주의人間中心主義에서 불교의 탈脫 인간중심주의, 혹은 자연自然 중심주의로 패러다임의 변화가 일어났기 때문

이라고 한다. 시인에게 영향을 끼친 구도적求道的인 시편들은 '인격 완성'을 뜻하는 '성불成佛'과 무관하지 않다. 사이, 즉 인간이 가늠할 수 없는 아득한 간극을 그려낸 『간間』은 신비한 기운이 감돈다. 눈앞에 보이는 대상과 그 대상에서 발생한 상상이 안개에 휩싸인 선계仙界를 오가는 듯 착각에 빠지게 한다. 시인은 만나지 못할 어느 인연을 그리워하고 있을까. '그때'와 '이때'는 텅 빈 시간과 흐르지 않는 공간에 멈춰 있다. 한 번도 보지 못한 '전생前生의 그림자거나 몇 억 광년 뒤에나 달려'올 인연이었으니 애초에 어긋난 인연이 아닌가. 마음을 닫지 못하는 시인에게 봄날은 꽃 이파리 몇 장으로 다녀갔다. 인연이란 둑이 무너지면 어디로든 흘러가고 만다. 『간間』은 부처가 보리수 아래서 깨달았다는 연기법緣起法을 연상하게 한다. 아래 예시 『허허虛虛』도 회색빛 색채를 지녔다.

마음이 흐트러지면 글이 되지 않는 게다
서툰 언문 글씨로 경전을 베껴 적던
어머니가 조용히 책상을 물린다

나는 컴퓨터로 시를 쓴다
신명조 혹은 맑은 고딕
글씨체도 마음대로 자간 크기 가지런하게

또 하루 빈손으로 돌아와도 허허,
시든 말들은 적당히 살이 붙어
불빛 속에 번듯하게 도드라진다

기승전결 인과관계 완벽하지만
그럴싸한 제목이나
번들한 낱말 몇 개 들어내면
금세 빈 가슴이 드러나고 마는
강마른 생애

행간 행간마다 쓸쓸히
바람이 불고 있다

–『허허(虛虛)』 전문

시인의 어머니는 손글씨 세대이다. 시인은 어머니와 달리 컴퓨터로 시를 쓴다. 마음이 흐트러지면 글이 되지 않는 어머니는 조용히 책상을 물린다. '서툰 언문 글씨로 베' 낀 경전, 정성이 담겨있다. 그러나 컴퓨터 글씨는 기분과 상관이 없이 획일적이다. 또 하루 빈손으로 돌아와도 허허 웃으며 시든 말에 살을 붙이는 시인은 그럴싸한 제목이나 낱말 몇 개 들어내면 빈 가슴이 드러난다. 하지만 어머니의 서툰 글씨에는 얼마나 많은 기도와 눈물이 들어있을까. 시인의 가슴은 허허虛虛, 텅 비어 있지만 평생 손글씨로 경전을 복사한 어머니의 불심佛心은 얼마나 큰 무게일까. 『허허虛虛』는 꾹꾹 눌러쓴 필체를 통해 사랑으로 가득한 "마음의 용량"을 보여준다.

진득한 생을 차지게 보여주는 『흘린 밥』, 『간간한 일』, 『괴깃국』도 무심히 넘길 수 없는 수작秀作이다. 인정이 메말라가는 각박한 시대를 그려낸 『사람을 찾습니다』, 『유령의 도시』,

『도시의 관습』도 다시 조명해 보고 싶은 작품이다.

김경식 시인은 무엇보다 차분하고 절제된 언어로 자신만의 시 세계를 확보하고 있다. 끊임없는 성찰로 내면에 잠든 영혼을 채근하며 그가 마지막까지 도달하려는 곳은 시詩의 접경接境이다. 넘치는 비장미로 "진정한 생生의 진경眞境"을 보여 주려는 것이다.

국립중앙도서관 출판예정도서목록(CIP)

적막한 말 : 김경식 시집 / 지은이: 김경식. -- 서울 : 다시올, 2015
p. ; cm. -- (다시올 시인선 ; 009)

제작비 일부는 부천시 문화예술발전기금의 지원을 받았음
ISBN 978-89-94414-65-2 03810 : ₩10000

한국 현대시[韓國現代詩]

811.7-KDC6
895.715-DDC23 CIP2015034106

 Kim Kyung Sik 

다시올 시인선 009

적막한 말

초판인쇄 2015년 12월 13일
초판발행 2015년 12월 25일

출판등록 | 제310-2007-00028

지은이 | 김경식
발행인 | 김영은
펴낸곳 | 다시올

주 소 | 서울 노원구 월계동 382-55
전 화 | 070-7431-5941
팩 스 | 031-855-0223
메 일 | maxim3515@naver.com

ⓒ 김경식, 2015

ISBN 978-89-94414-65-2 03810

정가 10,000원

* 이 책의 제작비 일부는 부천시 문화예술발전기금의 지원을 받았습니다.
* 파본은 본사나 구입하신 서점에서 교환해 드립니다.